Heino Elfert

Die „Weiße Taube"

AF140259

Für Anke und Petra

Die „Weiße Taube"

von Heino Elfert

VORWORT

Warum die Weddinger Eckkneipe irgendwann nach dem Ersten Weltkrieg den Namen „Zur weißen Taube" erhielt, ist unklar. Wer immer ihr diesen Namen gab, bevor sie meine Eltern kurz vor Ausbruch des Zweiten Weltkriegs übernahmen, wollte womöglich den roten, stets unruhigen Wedding-Bewohnern einen romantischen Platz bieten. Nach dem Motto: Wenn ihr hier eintretet, könnt ihr sicher sein, dass das Bier auf friedvolle Weise so gezapft wird, dass die weiße Schaumkrone aufs Anschaulichste das richtige Maß hat und das Schnapsglas über den roten Rand hinaus gefüllt ist. Und der Wirt garantiert, dass ihr hier nicht gestört werdet, wenn ihr euren Gelüsten nachgebt und nach Skatkarten, Würfelbechern oder dem Billard-Queue ruft. Allein der Name sollte suggerieren, dass hier über allem die „Weiße Taube" wacht, Reinheit auch noch im Alkohol-Exzess versprechend.

Meine Eltern brauchten La Paloma gar nicht erst aus Hamburg mitbringen, La Paloma war schon da.

Die „Weiße Taube" machte ihrem Namen alle Ehre, als sie vom Krieg unzerstört blieb. Sie ertrug die Anti-Alkoholisierung zwischen 1942 und 1947, als sie von der Obrigkeit in eine Lebensmittel-Kartenstelle umgewandelt wurde. Danach nahm sie wieder ihren alten Rang ein, nein, einen viel höheren, denn die „Weiße Taube" breitete ihre Flügel über das ganze bunte, vom Krieg verwundete Gäste-Volk aus. Wobei Molle und Korn mithalfen, die Seelen der Geschundenen zu streicheln.

Nach dem Zweiten Weltkrieg blühten die Kneipen in Berlin auf, sie schienen aus den Trümmern als erste wiederaufzuerstehen. Es entwickelte sich eine Wirtshauskultur, die die Menschen aus ihren kargen und zerstörten Wohnungen heraus- und in die Gaststätten hineintrieb. Das half mit, ein Gemeinschaftsgefühl zu erzeugen, was es leichter machte, auch noch die schweren Jahre im politisch isolierten Westberlin zu überleben, mit der Luftbrücke in den Jahren 1948/49, die sich übrigens in diesem Jahr zum 70. Mal jährt, dem Ostberliner Arbeiteraufstand im Juni 1953 und schließlich den Mauerbau im August 1961.

In der Zeit hatte allerdings das Fernsehen seinen Siegeszug angetreten, die Menschen blieben mehr in ihren Wohnungen – und eine Kneipe nach der anderen verschwand von der Bildfläche. Aus der „Weißen Taube" wurde schließlich eine Arztpraxis.

DIE „WEIßE TAUBE"

Mein Vater war der Meinung, dass das Leben aus einer Kette von Zufällen besteht; er sagte mir das kurz bevor er starb, mit 88 Jahren, und ich ihn das letzte Mal gefragt hatte, ob er in seinem Leben einen Sinn gesehen hätte. Auf diese Frage hatte er vorher nie geantwortet. Richtig distanzlos nahe gekommen bin ich ihm nur ein einziges Mal, als er wieder einmal, nach einer mehrtägigen Tour durch die Weddinger Kneipen, völlig erschöpft und abgebrannt nach Hause kam, sich ins Bett legte und ich mich, damals 17 Jahre alt, vor seinem Bett aufbaute, er aufstand, und ich ihm, die Beherrschung verlierend, mehrere Faustschläge versetzte. Mein Vater wehrte sich nicht und begann zu weinen: „Wenn Du wüsstest." Es war das einzige Mal, dass ich ihn weinen sah. Es mag mit seinen Kriegserlebnissen und seiner russischen Gefangenschaft zu tun gehabt haben.

Mein Vater hatte manchmal die Angewohnheit, nachts, nachdem er als Wirt der „Weißen Taube", einer Weddinger Gaststätte an der Ecke Schul- und Prinz-Eugen-Straße, Feierabend gemacht hatte, aus dem Fenster zu steigen und sich danach ein paar Tage nicht blicken zu lassen. Das bedeutete, dass ich am nächsten Morgen nicht zur Schule ging, um meine Mutter bei der Öffnung des Lokals, meistens gegen 10 Uhr morgens, zu unterstützen, was mit dem Hochziehen der schweren Jalousie vor der Eingangstür begann. Vorher bestätigte oft ein ängstlicher Blick in die Kasse die Befürchtung, dass sie wieder einmal von meinem Vater geplündert worden war, und wir, die wir mit der Kneipe ohnehin von der Hand in den Mund lebten, anschreiben lassen mussten, wenn morgens Ware geliefert wurde, beispielsweise Biertonnen und Kästen mit Limonade- und Malzbierflaschen.

Damit kein Missverständnis aufkommt: Seine Familie war meinem Vater wichtig, aber er brauchte Auszeiten.

Meine Eltern stammten beide aus Hamburg und hatten sich schon als Kinder zwischen der Vogelweide und dem Osdorfer Weg in Groß-Flottbek kennengelernt. Meine Mutter war eine schlanke, etwa 1,65 Meter große Schönheit mit dunklen, dichten Haaren, großen blauen Augen und einer samtenen Haut mit bräunlicher Tönung, was ihr etwas leicht Exotisches verlieh. Mein Vater war ein breitschultriger, 1,80 Meter großer, stämmiger, kommunistischer Zimmermann mit eindrucksvoller Präsenz.

Sie heirateten kurz nach Hitlers Machtergreifung und entflohen 1939 der Hamburger SA nach Berlin, wo sie von einer Tante die „Weiße Taube" im roten Wedding übernahmen.

Die „Weiße Taube" war meine Heimat zwischen meinem elften und zwanzigsten Lebensjahr, zwischen 1947 und 1956, nach der Zeit der Evakuierung meiner Mutter und ihrer Kinder auf die Insel Fehmarn und der Rückkehr meines Vaters aus der Kriegsgefangenschaft.

Es war im Frühjahr 1947, als die „Weiße Taube" wieder eröffnet werden konnte. Die Jahre davor war die Weddinger Kneipe eine Kartenstelle, wo sich die Leute aus der Umgebung ihre Lebensmittelkarten abholten, die sie im Krieg und auch danach zum Kauf schmaler Rationen berechtigten. Der Wedding gehörte damals zum französischen Sektor Berlins, was für uns allerdings kaum von Bedeutung war, denn mit Franzosen kamen wir kaum in Berührung, dafür immer mehr mit dem Gewerbeamt, das es den Eltern schwermachte, die Konzession für die „Weiße Taube" wieder zu erlangen.

Der Vater hatte darüber hinaus einen täglichen Mittagstisch für seine Gäste beantragt, dem wurde nach vielem Hin und Her schließlich stattgegeben. Damit war die tägliche Zufuhr an Nahrungsmitteln gesichert, die die Gäste der „Weißen Taube" gegen Essensmarken eintauschen konnten – meistens gab es Erbsensuppe. Es ging ehrlich und dankbar zu. Niemand brachte jemals tote Fliegen mit, um sie auf dem leergegessenen Teller zu platzieren und Kompensation zu verlangen. Meine Mutter klebte die Essensmarken in ein Heft, das dem Bezirksamt als Nachweis für tatsächlich ausgegebene Mahlzeiten vorgelegt werden musste.

In dem kleinen gemütlichen Schankraum standen sechs Tische mit Stühlen in der Mitte, direkt vor der Theke stand ein Stehtisch, der von den meisten Gästen als erstes angesteuert wurde, bevor sie irgendwo Platz nahmen. Im Winter wurden die Tische neben dem Kohleofen bevorzugt, der, von der Eingangstür gesehen, an der linken Wandseite stand.

Vom Schankraum führte eine Tür zum Vereinszimmer, in dem lange Jahre ein Billardtisch stand, der dann aber, um Platz zu schaffen, in die Küche verfrachtet, mit einer Matratze bedeckt und so zu meinem langjährigen Schlafplatz wurde. In die geräumige Küche gelangte man von einem langen schmalen Flur, der zu den Toiletten führte, an die ein kleiner Raum grenzte, in dem meine beiden jüngeren Schwestern schliefen. Das kleine Wohnzimmer, das gleichzeitig als Schlafzimmer für die Eltern diente, war durch eine Tür hinter der Theke zu erreichen, aber auch über den Hauseingang Schulstraße 18, von dem eine Tür abging, die in einen kleinen Korridor führte, der schließlich in den langen schmalen Flur mündete.

Hinter der Theke war, unsichtbar für die Gäste, in den Boden eine Klappe eingelassen, durch die man über eine steile Treppe abwärts in den Bierkeller gelangen konnte. Wenn die Klappe hochstand, war damit das Wohnzimmer blockiert – und mitten im Gang hinter der Theke klaffte ein Loch, in das wir manchmal in unseren Träumen, aber nie wirklich, hineinfielen.

Meine beiden Schwestern und ich wuchsen gemeinsam in der „Weißen Taube" auf. Als unser Vater 1947 aus der Kriegsgefangenschaft zurückkehrte, war Petra, unser Nachkömmling, gerade einmal zwei Jahre alt, Anke neun und ich elf. Wenn meine Schwestern von der Schule nach Hause kamen, blieb für sie nur das winzige Schlafzimmer, wo auch am Tage die Toilettengeräusche deutlich zu hören waren.

Dazu kam, dass meine Eltern kaum jemals Zeit hatten. Der Laden lief von 10 Uhr morgens bis tief in die Nacht – und montags, wenn die Gastwirtschaft geschlossen hatte und sie sich um die Kinder hätten kümmern können, schliefen sie vor Müdigkeit bei jeder Gelegenheit ein.

Vor der Kneipe blühte jahrelang der Schwarzmarkt mit zeitweise bitteren Folgen. Denn der verbotene

Handel schwappte in das Lokal hinein. Während die Gäste auf den Tischen ihre Molle mit Korn stehen hatten, aus der weißen Sechserpackung ihre Juno herausholten oder sogar einmal eine „Ami" für 8 Mark rauchten, tauschten sie unter den Tischen, was sie entbehren konnten – gegen dringend Benötigtes. Dagegen schritten Gewerbeamt und Polizei ein, und das Lokal musste zeitweise geschlossen werden. Zeitweise bedeutete manchmal wochenlang.

Mein Vater nutzte die „Zwangsschließung", um noch öfter als sonst auf seiner Harley mit Beiwagen in die sowjetisch besetzte Zone zu fahren und mit den dortigen Bauern, insbesondere in der Gegend von Salzwedel, Mitgebrachtes, größtenteils von den Gästen der „Weißen Taube" zur Verfügung Gestelltes, wie Geschirr, Abendkleider, Bett- und Tischwäsche, Bücher und Alkohol, gegen Herrlichkeiten wie Gemüse, Obst, Eier, Butter, Milch usw. zu tauschen. Die Berliner Bevölkerung hungerte. Wir, dem Vater sei Dank, nicht.

Die „Weiße Taube" wurde zu einem Zentrum der frühen Weddinger Nachkriegszeit. Dort, wo sich

Arbeiter, Handwerker, Geschäftsleute und Kleinkriminelle trafen, um eine Pause einzulegen. Und wo im Vereinszimmer die Fußballer von Komet-Humboldt, die Straßen-Radfahrer vom RC Derby (Spitzenfahrer Conrad aus dem deutschen Nationalteam) sowie ein äußerst schriller Musikverein regelmäßig zusammenkamen. Die Wohnungen der Menschen waren damals karg ausgestattet, Fernsehen gab es noch nicht, in der Kneipe fand es das bunte Volk gemütlich.

An die Zeit vor der Evakuierung nach Fehmarn ist kaum noch eine Erinnerung vorhanden. Als ich einmal an der Hand von Adolf Zarge auf den Berliner Funkturm steigen musste – als Dreijähriger eher gezogen und gestoßen und auf wackeligen Treppen mitgeschleift –, lag unter mir das Berlin von 1939 hell und lebendig. Die dunkle Seite der Macht hielt ihre grauenhaftesten Absichten noch bedeckt.

Adolf Zarge vertrieb Zeitungen und Zeitschriften im Berliner Wedding und wurde viele Jahre später verantwortlich für mein früh verkorkstes Frauenbild, als eine wilde Horde betrunkener Zeitungsfrauen, die im Vereinszimmer feierten, über mich herfiel, nachdem ich versehentlich die falsche Tür geöffnet hatte. Bevor ich anfing zu ahnen, wie schön Frauen sein konnten, wurde der 15-jährige mit einer bestimmten Spezies bekannt, die er nicht dem eher gemütlich sympathischen Volk zurechnete, das sonst in der „Weißen Taube" verkehrte. Im späteren Leben stieß der Erwachsene immer wieder auf Frauen, die es ablehnten, Alkoholisches zu trinken, was stets an die Weddinger Zeitungsweiber erinnerte. Wussten diese Frauen, was Alkohol bei ihnen anrichten konnte?

Meine Schwester Anke notierte irgendwann: „Meine Eltern hatten keine Zeit für ihre drei Kinder. Sie kümmerten sich bis in die Nacht um ihre Gäste. Auch sonntags nachmittags, wenn es im Gastraum ruhig war, die Fußballer hatten dann ihre Punktspiele, waren wir uns selbst überlassen. ‚Wichtig ist, dass ihr ein Dach über dem Kopf und satt zu essen habt', hieß es öfter. Für geistige und seelische Nahrung war keine Zeit. Wir sind aufgewachsen wie Unkraut."

So sehr ich meine Schwestern verstand, für mich war die Kneipe ein Ort der Entspannung und der Wohlgefühle, wenn ich aus der Schule kam. Das begann schon gleich nach unserer Ankunft aus Fehmarn im Jahr 1947. Ich wurde (wieder) eingeschult in der Grundschule Antonstraße, wo es in der vierten Klasse üblich war, jeden Neuankömmling sofort auf Herz und Nieren zu prüfen. Er musste sich einem Boxkampf mit dem Stärksten der Klasse stellen. Der hieß Otto Miezner, ein ebenso gutmütiger wie kräftiger Kerl, der mich schnell k.o. schlug. Danach wurden wir beste Freunde.

Aber in der Klasse regierte der Mob aus einem der schlimmsten Viertel im Wedding. Wenn man dem nicht angehören wollte, war man auf Gedeih und Verderb dessen Diktat ausgesetzt, musste hämische Bemerkungen und sogar körperliche Nachstellungen ertragen, wo schon der 11-jährige lernte, dass man sich gegen eine Horde mit niederträchtiger Laune kaum wehren konnte. Ich habe das auch später auf dem Lessing-Gymnasium in der Schöningstraße erlebt, z.B. als eine Mehrheit in der achten Klasse plötzlich entschied, man wolle herausfinden, wer der Stärkste in der Klasse war. Der Junge aus der Kneipe musste gegen seinen äußerst breitschultrigen Freund Klaus-Jürgen Leese antreten – beide hatten keine

Wahl. Die Erfahrungen aus der Antonstraße nutzend, schlug ich ihn regelwidrig schon vor dem ersten Gongschlag k.o. Noch einmal vor der Klasse im Staub liegen? Nein. Zwei Mädchen weinten. Ich erholte mich in der „Weißen Taube".

Mein Vater konnte mit den vielen skurrilen Typen, die in der Kneipe verkehrten, gut umgehen, es war, als ob er ihre Gesellschaft liebte. Er war der geborene Budiker, der allzu gerne mittrank, wenn ein guter Gast ihn zu einer Molle und Korn einlud. Kein Wunder, dass er manchmal schon am frühen Nachmittag angetrunken war.

Er fing dann leicht zu nuscheln an, und die Gäste wurden etwas langsamer bedient. Es sei denn, die Mutter hatte ihre Hausarbeit schon beendet, dann erschien sie hinter der Theke, was dazu führte, dass mein Vater, wenn er Karten spielte, von seinem Stuhl nicht mehr hochkam und meiner Mutter die Arbeit hinter der Theke überließ. Sie rächte sich dafür auf ihre Weise. Es gab genug Männer, die sie anbeteten. Nur, sie hätte Besseres verdient gehabt. Meine Mutter mag der Meinung gewesen sein, eigentlich für ein anderes Leben bestimmt zu sein. Und sicher hat sie das ihrem Ehemann oft genug vorgehalten, so dass auch dies einer der Gründe dafür gewesen sein mag, dass er nachts so oft aus dem Fenster stieg.

An diesen Tagen war meine Mutter blass und still. Dann kam ihre Zwillingsschwester, meine Tante Hilde, ihr zur Hilfe, die mit ihrem Mann und zwei Töchtern nur wenige Häuserblocks entfernt wohnte.

Ganz selten verirrten sich Typen mit Anzug und Krawatte in die „Weiße Taube". Vor diesen Typen hatte mein Vater mich gewarnt. Und tatsächlich erschien eines Tages ein in einen dunklen Anzug gekleideter, eleganter Mitvierziger. Ich hatte gerade den Vormittag in der Schule verbracht und anschließend meinen Vater hinter der Theke abgelöst, bediente den feinen Herrn mit einem Bier und Kognak, die normalen Gäste bestellten Molle und Korn. Wir kamen ins Gespräch – der eine hinter, der andere vor der Theke. Mein Gegenüber schien ein intelligenter und gebildeter Mann zu sein, ein seltenes Gewächs in dieser Gegend – jedenfalls wie man sich im Arbeiterviertel Wedding so einen Sonderling vorstellte. Ich war stolz, dass der Herr sich so viel Zeit mit mir nahm, und meinte, gut mithalten zu können, wenn wir z.B. über Politik und Musik sprachen. Der Herr kam ein paar Mal wieder, und wir setzten unsere Gespräche fort. Bis der feine Herr mich einmal auf dem langen Flur zu den Toiletten abfing und in unmissverständlicher Weise anmachte.

Dieser Typ kam nie wieder. Aber der Vorfall immunisierte mich früh für Avancen ähnlicher Art, denen ich später einige Male ausgesetzt war. So zum Beispiel auf einer Anhalterfahrt im Alter von 18 Jahren, als ich mit einem Freund auf Quartiersuche in der Nähe des Brüsseler Hauptbahnhofs war und wir beide von einem Fremden angesprochen wurden, der uns eine Übernachtung in seiner Wohnung anbot. Dort verwies er meinen Freund auf das Sofa; ich sollte, nichts ahnend, aber dennoch auf alles vorbereitet, die Nacht im Bett mit dem Fremden verbringen. Nach anhaltendem Widerstand meinerseits jagte er uns am Morgen ohne Frühstück wütend aus der Tür.

Das erste Mal in all den Jahren, dass die Eltern sich entschlossen, Urlaub zu machen, und zwar zwei Wochen in Sieber im Harz, fiel in die Zeit, als ich kurz nach den Sommerferien vor meinem Sportabitur stand. Tädje Muhs und seine Frau, die ebenfalls aus Hamburg stammten, luden meine Eltern in ihr Taxi. Hätten die beiden nicht so eindringlich darauf bestanden, wäre es mit dieser Reise nie etwas geworden. Und ich hätte keine Drei statt einer Eins bekommen. Der Sommersport in der Schule war Leichtathletik – und das Laufen, Springen und Kugelstoßen gehörte zu meinen besten Disziplinen. Aber die 14 Tage in der Kneipe, in der ich meinen Vater oft bis in den frühen Morgen hinein vertreten musste, mit Würfel- und Kartenspielen und einer Runde Schnaps und Bier nach der anderen, verschafften mir einen Speckgürtel um den Bauch, über den sich meine Mitschüler erstaunt lustig machten, als er beim Einknicken vor dem Kugelstoßen ungewohnt hässliche Falten schlug. Die Bohnenstange, der Lange, die Latte, wie ich oft in der Klasse genannt wurde, hatte einen Bauch bekommen – und ich eine frühe Vorstellung davon, wie ich dreißig Jahre später aussehen würde.

Überhaupt die Schule. Als ich meinem Französisch-Lehrer, Bauer hieß er, einmal kumpelmäßig auf die

Schulter schlug, trat der entsetzt einen Schritt zurück und hielt eine Standpauke, eine derartige Nähe dulde er nicht. Aber die wahren Halunken hießen Seidel und Haacke. Seidel, mein Turnlehrer, ein früherer Feldwebel, hatte meine Schwäche im Sport schnell erkannt. Ich konnte alles, außer Geräteturnen.

Seidel war ein Sadist. Er beorderte den Längsten in der Klasse gern allein – vor seinen Mitschülern – an Stangen, Barren und Reck, damit sich alle ansehen konnten, wie man es nicht macht. Ich hing am Reck wie ein nasser Sack. Als er im Winter einmal von einem anderen Lehrer vertreten wurde, der mein Sommer-Zeugnis mit einer Eins kannte und mich hilflos an den Ringen hängen sah, nahm er mich erstaunt zur Seite: „Und Sie haben eine Eins?"

Haacke, der zweite Sadist, war Mathe- und Physik-Lehrer. Er pflegte, wenn es ihm um Zwischenzensuren ging, in die Klasse zu treten mit dem Ausruf: „Razzia". Dabei bleckte er seine Stoßzähne so, dass er wie Dracula aussah. Dann setzte er sich vor die Klasse an einen Tisch und zückte ein Heft, in dem unsere Namen standen. Er schlug behutsam die erste Seite

auf, wartete lange, und die Schüler mit den Anfangsbuchstaben „A" und „B" begannen entweder zu
schwitzen oder auch nicht, wenn sie gut waren.
Wenn er die Seite langsam umschlug und mit einem
gemeinen Grinsen in die Klasse starrte, kam ich mit
dem Anfangsbuchstaben „E" in Gefahr, da ich weder
von Mathematik noch von Physik viel Ahnung hatte.
Ich war vom sprachlichen in den mathematischen
Zweig nur deshalb gewechselt, weil es dort mit den
vielen Mädchen, das Verhältnis war 18:2, nicht aus-
zuhalten war – zu viele wollten uns zwei Jungs be-
muttern.

Ich schlug mich bei Haacke gerade so durch. Einmal
befahl er mich an die Tafel, es sollte eine Physik-
Aufgabe gelöst werden. Ich löste und löste und warf
ganze Zahlenkolonnen an die Tafel. Die Klasse
schwieg, für mich ein Zeichen, dass ich richtig lag,
denn wenn man falsch lag, waren normalerweise ein
Räuspern oder andere Geräusche zu hören. Wie es
sich herausstellte, hatte Haacke hinter meinem Rücken die Klasse zum Schweigen verdonnert, er ließ
mich werkeln und werkeln, aber ich lag falsch. Nichts
ahnend, drehte ich mich zufrieden um. Haacke grins-

te mich an: „Sie werden es im Leben weit bringen, sie können gut bluffen. Setzen fünf." Ich erholte mich in der Kneipe.

Meine Deutschlehrerin, die es gut mit mir meinte, aber sich über meine Faulheit grämte, entsetzte ich einmal auf einer Klassenreise, als ich zum gemeinsamen Abendessen ein Lied anstimmen sollte und in die Runde schmetterte: „Rot und weiß sind wir gekleidet, rot und weiß ist unser Stolz!" Es war das Vereinslied von Komet-Humboldt aus der „Weißen Taube". Sie hatte ein Volks- oder Wanderlied erwartet.

Es war in Friedrichshafen am Bodensee, und ich war am Abend zuvor beim dortigen Tischtennisverein aufgetreten und fragte als Berliner Topspieler nach dem besten Spieler im Verein, darunter wollte ich es nicht machen. Ich gewann keinen Satz und schlich nach diesem Hochmutsanfall wütend von dannen: Friedrichshafen ist zwar im Volleyball eine Macht, aber im Tischtennis?

Als ich mit meinem Geschichtslehrer in Schwierigkeiten geriet und er meine Eltern sprechen wollte, lud ich ihn in die „Weiße Taube" ein. Dort gefiel es ihm so gut, dass ich, als er nach einem Bier und einigen weiteren aus dem Laden hinausgewankt war, mit ihm nie wieder Probleme bekam.

Mein Musiklehrer muss noch erwähnt werden. Professor Bolt hatte einen Schulchor aufgebaut, bei dem ich zwar Mitglied war, aber nie mitsang. Obwohl ich gar nicht singen konnte, stand ich auf seiner Liste. Als er die Abiturnoten vortrug und sagte, „Elfert, im Chor, Eins", zuckte mein Nachbar auf der Schulbank zusammen. Er war im Chor ein äußerst aktives Mitglied, bei den Proben immer anwesend und ich nie. Aber auch die anderen singenden Mitschüler hielten still. Professor Bolt war auch Komponist. Hin und wieder musste sich die Schule seine Kompositionen anhören, vorzugsweise auf der Freilichtbühne Rehberge, wahrscheinlich sein größtes Publikum. Bolt hatte eine eigenartige Angewohnheit: Er sprach englische oder französische Fremdwörter auf Deutsch aus. Zufällig hörte ich einmal ein Interview mit ihm im RIAS. Der Interviewer verabschiedete sich von ihm mit den Worten: „Und jetzt trinken wir ein Glas Bordeauchs."

Zu den Sadisten aus dem Lessing-Gymnasium gesellte sich später, während meiner Studienzeit in Hamburg, Karl Schiller. Ich erzähle diese Geschichte, weil ich meine Angewohnheit, oft unangenehm aufzufallen, auf das laxe Leben in der „Weißen Taube" zurückführe, wo „Etikette" oder „Form wahren" Fremdwörter waren.

Mündliche Abschlussprüfung. Vier Kandidaten sitzen in der ersten Reihe. Dahinter ist der Raum vollgestopft mit Studenten, die erleben wollen, wie Karl Schiller die Examenskandidaten auseinandernimmt. Auch, um sich ein Bild zu machen, wie es ihnen ergehen könnte, wenn sie einmal ganz vorne sitzen würden. Schiller, der damals schon große Professor für Volkswirtschaftslehre in Hamburg, hatte die Angewohnheit, sich oft jemanden herauszupicken und ihn der Lächerlichkeit preiszugeben: „Sehen Sie aus dem Fenster. Was sehen Sie?" – „Blühende Bäume". – „Kommen Sie wieder, wenn die das nächste Mal blühen."

Ich hatte eine unangenehme Vorgeschichte mit Schiller und saß als Vierter in der ersten Reihe wie auf glühenden Kohlen. Würde er mich wiedererkennen? Im fünften Semester wollte er mich aus seiner Vorlesung werfen, aber ich ging nicht. Seitdem hatte ich keine Vorlesung und kein Seminar mehr bei ihm besucht, konnte ihn aber beim Examen nicht vermeiden.

Aber alles der Reihe nach. Schiller war an der Hamburger Uni, bevor er später in Berlin Wirtschaftssenator und in Bonn Wirtschaftsminister wurde, ein Idol seiner Studenten. Er war ein kleiner, drahtiger, schlanker Herr mit einer glänzenden Rhetorik. Und wenn er bei seinen Vorlesungen hin und wieder eine Pause machte, um seine randlose Brille zu putzen, dann tat er das mit hinreißend eleganten Bewegungen, wobei er sich von Zeit zu Zeit mit seinem rechten Ellenbogen ausdrucksvoll auf dem Pult abstützte. Bei jedem anderen wäre das möglichweise als ein Hinweis auf Langeweile oder Müdigkeit wahrgenommen worden – bei Schiller wirkte es gekonnt elegant. Er war eine Person mit echter Autorität, und wir Studenten mochten ihn wegen seiner Kompetenz und seiner Ausstrahlung. Es war fast so etwas wie Glück, diesem geistvollen, kultivierten Mann zuhören zu dürfen, besonders für jemanden aus der „Weißen Taube".

Es war also zwei Jahre vor meinem Examen, als ich zum ersten Mal mit ihm zusammengeriet. Der Professor hatte sich wieder einmal in seine Lieblingspose geworfen, in eine leichte Schräglage, sich mit dem Unterarm auf dem Pult abstützend.

Er schwieg. Im rappelvollen Audimax warteten die Studenten darauf, dass er seine Vorlesung fortsetzen würde, wie immer nachdenklich den Kopf senkend, in dieser Lage verharrend, dann den Gelehrtenkopf hebend, um schließlich, mit schwingenden Bewegungen der linken Hand, den Faden wieder aufzunehmen. Aber jetzt schwieg er anhaltend. Das Schweigen war so laut, dass ich meine Zeitung, die wie ein Segel vor mir schwebte, mit einem Ruck fallen ließ und erschrocken sah, was ich angerichtet hatte. Nicht nur Karl Schiller, sondern das ganze zum Bersten gefüllte Audimax schien mich anzustarren, den Menschen, der es wagte, bei Schiller Zeitung zu lesen, wenn der gerade die Spieltheorie vortrug. Schiller forderte mich auf, den Saal zu verlassen. Ich war inzwischen zur

Besinnung gekommen und malte mir aus, wie ich aufstehen und mich durch die Bankreihen quälen würde, für jeden sichtbar und vor allem für den Wirtschaftsprofessor, der meinen Anblick gewiss nicht vergessen würde. Ich saß reichlich entfernt von ihm weit oben im größten Hörsaal der Hamburger Universität und entschied mich trotzig, seiner Aufforderung nicht nachzukommen und sitzen zu bleiben. Mein Freund neben mir raunte mir zu, ich würde wohl die Uni wechseln müssen. Da ich nicht reagierte, setzte Schiller seine Vorlesung fort. Nach dem Ende schwärmten seine Assistenten aus und nahmen mich ins Visier.

Ich beschloss, die Uni nicht zu verlassen und keine Übungen und Vorlesungen bei Schiller mehr zu besuchen und darauf zu hoffen, nicht gerade beim Examen von ihm geprüft zu werden. Zwei Jahre und vier Semester später – im Frühjahr 1962 – kam es, wie es kommen musste. Mein Prüfer in Wirtschaftstheorie wurde Karl Schiller. Nachdem ich die Hausarbeit und die schriftlichen Klausuren überstanden hatte – damals fiel knapp die Hälfte der Volkswirtschafts-Examenskandidaten nach Hausarbeit und

Klausuren in Hamburg durch –, stand nun die mündliche Prüfung an, und mit der Anonymität würde es vorbei sein.

In einem mittelgroßen Raum saßen wir vier Kandidaten vorne in einer Reihe, alle diejenigen, deren Nachnamen mit einem E anfingen. Vor uns waren nur eine große Tafel und Karl Schiller, der zunächst in der rechten Ecke gleich neben der Eingangstür Platz genommen hatte. Von dort aus stellte er seine erste Frage und richtete sie an den Kandidaten ganz links von ihm. Der konnte die Frage nicht beantworten, der zweite nicht, der dritte auch nicht und als ich, ganz rechts sitzend, an der Reihe war, ritt mich der Skat-Teufel aus dem Wedding und ich vergaß zum zweiten Mal, dass Schiller nicht nur klug, sondern auch eitel war, und antwortete: „Ich passe!" Schiller schwieg lange, wie vor zwei Jahren. Dann schob er seinen Stuhl an mich heran, setzte sich frontal vor mich hin und ätzte: „Der Herr passt also."

Wie vom Donner gerührt, dachte ich nur an das eine: Hoffentlich erkennt er mich nicht wieder. Es gab Gott sei Dank keinerlei Hinweise darauf, aber nach meinem „Passen" blieb ich der einzige Kandidat, der von ihm geprüft wurde. Ich hetzte zwischen Stuhl und Tafel hin und her, und meine Kollegen mit dem E bekamen nur Abstauberfragen. Am Ende der Quälerei, von der ich aber meinte, sie ganz gut überstanden zu haben, fragte Schiller mich nach der Zahl der Stufen in Alexander Rostows Theorie. Ich antwortete wahrheitsgemäß: „Fünf". „Ja", so Schiller vielsagend, „und das ist ihre Note."

Das aufgeregte Gemurmel der Zuhörer hörte ich gar nicht mehr, sondern stürzte völlig außer mir aus der Tür. Auf dem Flur stieß ich auf Professor Voigt, der mich am Tag zuvor in Verkehrspolitik geprüft hatte. Als ich ihm, immer noch aufgelöst, von meinem Missgeschick erzählte, tröstete er mich: „Das macht der immer so, nehmen Sie das nicht ernst."

Ich bekam keine Fünf. Als ich Jahre später bei einem Meeting in Berlin neben einem Menschen saß, von dem ich wusste, dass der zur gleichen Zeit wie ich Volkswirtschaft in Hamburg studiert hatte, und ich ihm meine Geschichte erzählte, sprang er auf und rief: „Ach, Sie waren das!"

Zehn Jahre später sah ich Schiller wieder. Er hielt einen Vortrag über Wirtschaftspolitik. Ich hatte mir inzwischen so manche Weddinger Usancen ausgetrieben. Aber dennoch, was wohl geschehen wäre, wenn ich wieder eine Zeitung aus der Tasche gezogen hätte?

Später waren es meine wohlmeinenden Vorgesetzten, die mein zeitweiliges „Aus-der-Reihe-Tanzen" nicht sanktionierten. Sei es als Chefvolkswirt bei einer Energiegesellschaft, als ich gegenüber den Gewerkschaften die Position der Arbeitgeber vertreten sollte, mich aber – meine eigenen Ansichten vortragend – auf die Arbeitnehmerseite schlug, so dass sich die Betriebsräte lachend auf die Schenkel klopften. Sei es auf einer Pressekonferenz, wo ich die Linie meiner Gesellschaft auf eine Weise vertrat, die einem Tabubruch nahekam. Sei es, dass ich bei einer Meinungsumfrage meine Firma dadurch in Schwierigkeiten brachte, indem ich wieder einmal meine eigene Meinung zum Besten gab. Für meine Chefs überwogen offensichtlich meine positiven Seiten. Dazu gehörte, dass ich aus langer Erfahrung gut mit Alkoholikern umgehen konnte. Dazu ein Beispiel aus meiner beruflichen Praxis.

Wir trafen uns in Frankfurt, K., Verkaufsdirektor der deutschen Niederlassung einer internationalen Energiegesellschaft und ich, sein „Kofferträger". Unsere Muttergesellschaft hatte nach Miami eingeladen. Dort sollten ihre Tochterfirmen dazu angehalten werden, Kohle in ihrem Heimatmarkt zu verkaufen, welche die Muttergesellschaft mit einem neuen Vorkommen erworben hatte. Aber wir wollten keine Kohle verkaufen, wir sahen im Kohleland Deutschland dafür keinen Markt.

K. war damals in den achtziger Jahren ein kerniger Endfünfziger, ein Typ, den es heute im internationalen Management nicht mehr gibt. Extrovertiert, auf die Menschen zugehend, bei Kollegen und Kunden beliebt, immer für eine humorvolle Bemerkung gut, manchmal etwas bärbeißig. Wie sehr er sich doch so wohltuend von den heute stets untadeligen, nüchternen Pinguin-Typen abhob.

Wobei K. Nüchternheit auf seine ganz individuelle Art definierte. Seine Sekretärin zog schon mal eine unsichtbare Mauer um ihn, wenn er es bis Mittag nicht schaffte, wieder ganz nüchtern zu sein. Er war

Verkäufer, ich Planer, wir kannten uns bisher nur flüchtig. Aber der Vorstand hatte beschlossen, uns beide über den Atlantik zu schicken. Vielleicht auch deshalb, weil ich mit dem Koordinator des Projektes, einem Deutsch-Amerikaner, auf den es in Miami ankam, befreundet war.

K. und ich saßen in der Business Class nebeneinander. Kaum hatte der Flieger abgehoben, bestellte er einen Whiskey, nur für sich. Als ich ihn erstaunt ansah, fragte er: „Wollen Sie etwa auch einen mittrinken? So habe ich Sie gar nicht eingeschätzt." Nach zehn Minuten waren wir per Du. Als das Gelage immer weiterging und abzusehen war, dass wir bei der Zwischenlandung in Tampa stockbetrunken sein würden, beschloss ich, kürzer zu treten, aber bei K. gab es kein Halten mehr. In Tampa schob ich ihn regelrecht durch die Kontrollen, und als wir wieder im Flugzeug saßen, trank er sofort weiter. Ich wusste, dass mein Freund uns in Miami abholen würde und war auf sein Gesicht gespannt, wenn K. auf ihn zutorkeln würde. Aber mein Freund J. war so entspannt, dass er K. an der Hotelbar weitertrinken ließ.

Am Morgen des großen Tages, an dem die Präsentationen stattfinden sollten, fanden sich die international zusammengesetzten Referenten zum Hotelfrühstück ein, aber K. fehlte. Das Schlimmste befürchtend, rief ich ihn in seinem Zimmer an und ließ es so lange klingeln, bis sich eine heisere, verschlafene Stimme meldete. K. war noch dabei, einen Vollrausch vom Vorabend zu verarbeiten. Als er dennoch schneller als erwartet zum Frühstück erschien, fiel ein Teil davon auf seine Hose, was er gleichmütig zur Kenntnis nahm. Grummelig kratzte er das Ei ab.

Ich hoffte, dass er sich auf dem kurzen Weg zum Office erholen würde, denn die Deutschen waren als erste dran, und er hatte die Hauptlast zu tragen, nämlich eine Strategie zu erklären, die keine war. Das musste möglichst sensibel und mit guten Argumenten vorgetragen werden. Aber als K. sich in dem Konferenzraum auf seinen Stuhl fallen ließ, schien er immer noch nicht klar zu sein. Zusammengesunken saß er da und sagte kein Wort.

Ich dehnte meinen Einführungsvortrag so lange wie möglich aus, um K. weitere Zeit zur Erholung zu geben und kam auf dem Wege zu immer weiteren Pirouetten auf die phonetische Gleichheit von Coal und Kohl zu sprechen, dem damaligen deutschen Bundeskanzler, den ich nicht ausstehen konnte und dies auch sehr deutlich machte. K. fiel auf, dass dieser politische Ausflug nicht zu meinem Thema gehörte und unterbrach mich: „This is not your job." Es waren seine ersten Worte, und mir fiel ein Stein vom Herzen. Er hatte mich völlig zu Recht zur Rede gestellt, er war wieder arbeitsfähig. Kurze Zeit später hielt er einen glänzenden Vortrag, holte das Florett und nicht den Säbel raus, nur der Fleck auf seiner Hose war deutlich zu sehen.

K. und ich blieben noch einen weiteren Tag in Florida, mieteten uns einen Wagen, dem ich beim Rangieren aus einer Parklücke eine Delle verpasste, woraufhin K. die Augenbrauen hochzog und sich selbst ans Steuer setzte. Wir zogen in ein Hotel auf Key Biscayne und machten mit E., einer attraktiven Mitarbeiterin von J., einen Ausflug auf die Keys. Da mit E. abends nichts mehr anzufangen war, ließ ich mich mit K. auf ein Gelage ein, doch ich überschätzte meine als Gastwirtssohn schon in der Jugend erworbene

Trinkfestigkeit. Es war eine Anmaßung. Nach jedem Whiskey ahnte ich mehr und mehr, dass ich nicht die geringste Chance hatte, ihn unter den Tisch trinken zu können. Er musterte mich so lange mit väterlicher Überlegenheit, bis ich schließlich aufgab und mich früh ins Bett verabschiedete. Mir war am nächsten Morgen so schlecht, dass mich nicht einmal ein Bad im Meer retten konnte.

Beim Frühstück war mir immer noch übel, als K. mit strahlender Miene die Hoteltreppe runterkam, meinen Zustand bedauerte und erklärte: „Du bist kein Profi. Hier ist Alka-Seltzer, das muss man immer bei sich haben." K. war ein Profi, in jeder Hinsicht.

Jeden Tag, wenn ich aus der Schule kam, setzte ich mich an einen Tisch neben der Theke, vor mir einen Haufen Schrippen und ein Riesenglas kalte Milch. Für gewöhnlich fanden sich da schon erste Stammgäste ein, die genug Zeit hatten, bereits am frühen Nachmittag mit dem Kartenspielen zu beginnen, meistens Skat oder Klapperjas. Während ich aß, schätzte ich meine Chancen ein, einzuspringen, wenn ein dritter oder vierter Mann fehlte oder wenn ich meinen Vater vertreten konnte, der nur allzu gerne mitspielte, aber sich von Zeit zu Zeit anderen Gästen widmen musste. So lernte ich frühzeitig Kartenspielen. Und mein Vater brachte mir Schach und Billardspielen bei, solange der Billardtisch im Vereinszimmer stand, so dass ich ein vollwertiger Partner für die Freunde der „Weißen Taube" wurde.

Dieses Leben gefiel mir. Es brachte eine Art von Unabhängigkeit, aber auch Verantwortung mit sich, die durch die „Aussetzer" meines Vaters noch verstärkt wurden, wenn ich während seiner Abwesenheit – aber auch sonst – hinter der Theke stehen und die Gäste bedienen musste.

Das Leiden meiner Schwestern, die durch die bizarren Geräusche aus der Toilette am Schlafen gehindert wurden, registrierte ich nur am Rande. Oft genug tauchten Betrunkene auch in der Küche auf, wo ich in einer Ecke auf dem Billardtisch schlief; aber ich gewöhnte mich daran.

Noch einmal: Ich habe die „Weiße Taube" und die Menschen, die dort einkehrten, trotz zeitweiser Unerträglichkeiten in der Beziehung zwischen meinen Eltern und den unzumutbaren Lebensbedingungen meiner Schwestern, in guter Erinnerung. Erst mehr als fünfzig Jahre später, als meine Schwestern und ich, inzwischen alle in Hamburg zu Hause, damit begannen, uns regelmäßig zu treffen, wurde mir aus ihren Erzählungen leidvoll klar, was ich nicht gesehen hatte oder nicht sehen wollte.

Ich beobachtete die Typen gern, die in der „Weißen Taube" ein und ausgingen, Zille hätte sie auch gerngehabt. Meine Eltern hatten zeitweise eine Köchin und einen Kellner eingestellt. Der Kellner sah aus wie aus der Zeit gefallen. Er trug einen schwarzen Anzug und ein weißes Hemd mit einer schwarzen Fliege. Wenn er in jeder Hand einen Teller zu den Gästen balancierte, lagen stets beide Daumen in der Suppe. Da war der schnauzbärtige Klempnermeister Stanko, dessen Werkstatt sich etwas weiter oben in der Schulstraße befand. Eines Tages war unten in der Schulstraße ein Wasserrohr gebrochen, und als Stanko der erste telefonische Hilferuf erreichte, schickte er einen Gesellen los, der aber mit seinem schlichten und durstigen Gemüt an der „Weißen Taube" nicht vorbeikam. Nachdem aus dem ersten Bier ein zweites und ein drittes geworden war und die vom Wasser Geschädigten einen weiteren Notruf abgesandt hatten, machte sich Stankos zweiter Geselle auf den Weg, das Prachtstück der Truppe, wie von Zille gemalt, aber doch nicht so einfältig, dass er nicht ahnte, wo sein Kollege abgeblieben war – und bei ihm hängenblieb. Schließlich blieb Stanko keine andere Wahl, als selbst nach dem Rechten zu sehen. Am Ende saßen die drei friedlich beim Skat und ließen Rohrbruch Rohrbruch sein, um sich herum eine Schar feixender Männer, die die kartenspielenden Klempner mit lauten Ratschlägen begleiteten.

Ich erinnere mich an Paul, den quartalssaufenden, freigiebigen Schneidermeister, der ein Vierteljahr nicht zu sehen war, aber dann eine Woche durchsoff, von Schmeißfliegen umgeben, die er gerne duldete, um nicht allein trinken zu müssen.

Auch an den Besuch mit meinem Vater beim Mannschaftsführer vom SC Brandenburg, dem nächsten Gegner unseres Vereins Komet-Humboldt, erinnere ich mich. „Unser Verein", der immer mittwochs im

Vereinszimmer tagte und sonntags feierte, nach Niederlagen oft noch lauter als nach Siegen, und am nächsten Sonntag nicht verlieren durfte, um nicht abzusteigen. Mein Vater, Fan und Schatzmeister des Vereins, bestach ihn mit 300 Mark, die aber, wie sich später herausstellte, nur für fünf Spieler reichten. Die anderen schossen drei Tore, der eingeweihte Mittelläufer von Brandenburg konnte noch so viele Kerzen im Strafraum produzieren, „unser" Sturm kriegte kein Tor zustande, nicht einmal als der Mittelstürmer, Braun hieß er, auf der Torlinie auf dem Ball lag und der gegnerische Torwart bereitwillig in die andere Ecke sprang.

Apropos Fußball. In der frühen Nachkriegszeit gab es noch keine Bundesliga, die Spitzen der regionalen Oberligen spielten den deutschen Meister aus. In Westberlin war es meistens der Meister Tennis Borussia, der an den Vorrundenspielen teilnahm. Die Heimspiele im Olympiastadion waren Fußball-Festtage, auch wenn die Berliner Vereine gegen die westdeutschen Konkurrenten nie eine Chance hatten. Aber wenigstens einmal im Jahr kamen Vereine wie VfB Stuttgart, der HSV oder Schalke 04 nach Berlin.

Die Festspiele im Olympiastadion wurden für die fußballbegeisterten Gäste der „Weißen Taube" von meinem Vater organisiert. Er besorgte einen Lkw und fuhr mit 10 bis 20 Männern auf dem Verladedeck los. Er machte sich einen Spaß daraus, die Kontrolleure beim Einlass ins Stadion zu überlisten. Mit einer Eintrittskarte und einem 20-Mark-Schein bewaffnet, lotste er uns an der Kontrolle vorbei, und wir nahmen auf Sitzen Platz, die im ausverkauften Olympiastadion allerdings für andere reserviert waren. Was für Anrempelungen und Pöbeleien sorgte, bis wir uns mit Stehplätzen zufriedengeben mussten. Ein anderes Mal kletterten wir über allerlei Zäune, um dann wieder auf Stehplätzen zu landen. Meinem Vater und seinem Gefolge machte das einen Riesenspaß und mir auch.

Ich erinnere mich auch an die spannenden Schachspiele mit Seppl, einem kleinen drahtigen Mitarbeiter der Deutschen Reichsbahn, Mitglied der SED, der regelmäßig meinen Vater besuchte, der damals noch dachte, die Russen würden eines Tages auch Westberlin kontrollieren und deshalb der SED beigetreten war. Über Seppl lief auch die Einladung an meinen

Vater zum ersten Länderspiel der deutschen Natio-
nalmannschaft nach dem Krieg in Moskau, die er
freudig annahm, aber die Begleitumstände ver-
schwieg. Als sich im Laufe der Zeit abzeichnete, dass
der Westen Westberlin niemals aufgeben würde, trat
mein Vater aus der SED aus und in die SPD ein. Von
da an verschwand der freundliche, sympathische
Seppl aus meinem Gesichtskreis.

Aber es blieb Schlachter Peters, bei dem ich jeden
Tag die köstlichsten Würstchen für die Gäste der
„Weißen Taube" einkaufte, immer zu wenige, denn
ich aß selbst zu viele davon. Bouletten bereitete meine
Mutter selbst zu, sie zerfielen fast, so locker waren sie,
und die Zwiebeln gaben ihnen einen wunderbaren
Geschmack. Das sahen auch unsere Gäste so, denn
Bouletten und Würstchen waren im Nu ausverkauft
– der gläserne Kasten, in dem sie ausgestellt waren,
leerte sich schnell. Ich habe nie verstanden, warum
meine Eltern immer nur so wenige Würstchen und
Bouletten anboten. Denn warum sollte es unseren
Gästen anders gehen als mir, der spät abends wieder
Hunger bekam und weder Würstchen noch Boulet-
ten vorfand?

In der Prinz-Eugen-Straße waren die Geschäfte ange-
siedelt, deren Inhaber ausnahmslos in der „Weißen
Taube" verkehrten. Da war, wie schon erwähnt,
Schlachter Peters mit seinem dicken Bauch, dem
rosigen Gesicht und den listig blinzelnden Schlitzau-
gen, der oft nur kurz auf ein Bier hereinkam, um
dann gleich wieder zu verschwinden, er brauchte nur
20 Meter zu seinem Laden. Da war der Gemüsehändler Sühnholz, der seine Waren auf dem Fußgängerweg ausstellte, so dass sie, bunt und einladend, schon
von weitem zu sehen waren. Er blieb länger in der
Kneipe, er konnte sich auf seine Frau verlassen, die
sich in seiner Abwesenheit um den Laden kümmerte
und auch nicht besonders schimpfte, wenn ihr Ehemann etwas schaukelnd aus der „Weißen Taube"
zurückkam. Da war der Bäcker Drews, dessen Toch-
ter Magdalena zeitweise im Laden bediente, sie war
auch auf meiner Schule. Sie war gut anzusehen, aber
noch schüchterner als ich, wenn sie mir die Schrippen
rüberreichte, die ich regelmäßig bei Drews einkaufte.

Die Gäste der „Weißen Taube" stießen hin und wieder auch auf die „Wackelente", die in der Schulstraße
17 wohnte und deren Namen sich darauf bezog, dass

sie ständig mit dem Kopf wackelte. Sie mochte in den Vierzigern sein und hatte nicht den besten Ruf. Gerüchteweise hatte sie etwas mit meinem Onkel Hans, der sehr gut Billard spielen konnte, aber keinen Alkohol vertrug und in einem entsprechenden Zustand das Kopfwackeln womöglich für eine Einladung hielt.

Und um der Vollständigkeit Genüge zu tun, hatte ich damals neben der „Weißen Taube" und Sport auch noch Hilde, eine Klassenkameradin, im Kopf. Sie hatte blonde Zöpfe, wohnte im Afrikanischen Viertel – im Wedding eine vornehme Gegend –, und ich versuchte oft, sie auf dem Weg zur Schule in der Schöningstraße abzupassen, wenn ich von der Schul- und sie von der Togostraße kam. Aber sie war stets von einer Freundin begleitet. Wir warfen uns hin und wieder Blicke zu, aber bei meiner entsetzlichen Schüchternheit kam es so gut wie nie zu einer Art von Annäherung – außer einmal, als ich es auf einer Busreise fertigbrachte, mich neben sie zu setzen und, Müdigkeit vortäuschend, meinen Kopf auf ihre Schulter fallen ließ. Sie ließ es geschehen. Mann, war ich glücklich.

Einmal veranstaltete ich im Vereinszimmer der „Weißen Taube" für die Klasse – eigentlich nur für Hilde – einen gemeinsamen Nachmittag. Sie kam aber nicht. Unsere Kneipe hatte im vornehmen afrikanischen Viertel einen derart schlechten Ruf, dass ihre Eltern sie nicht gehen ließen. Meine Jugendliebe ging mir bis ins Erwachsenenalter nicht aus dem Kopf. Typisch für meine damalige Unzulänglichkeit war ein Vorfall in der Müllerstraße, als ich sie dort auf dem Bürgersteig sah, mich auf dem Fahrrad nach ihr umdrehte und prompt in einen Lkw fuhr. Zu meinem Erstaunen heiratete sie meinen besten Freund.

Die Prinz-Eugen-Straße wirkte wie eine schmale Schlucht zwischen den eng stehenden, viergeschossigen Häusern, während auf der Schulstraße die Straßenbahn fuhr. Direkt vor unserer Kneipe war eine Haltestelle. Man konnte aus unseren Fenstern direkt auf den Nazarethkirchplatz gucken, in dessen Mitte eine gewaltige Kirche wachte, von deren Wand wir die Bälle abrollen ließen, wenn wir uns – meine Freunde und ich – für ein Fußballspiel auf dem geräumigen Vorplatz einschossen. Die Verlängerung der

Prinz-Eugen-Straße, die über die Kreuzung Schulstraße führte, war die Ungarnstraße, ebenfalls eine Häuserschlucht, in der es zum Schillerpark ging, einer der großen weiten Parks im Wedding. Die Ungarnstraße musste man auch entlanglaufen, wenn man ins Kleinste der Weddinger Kinos wollte, das wir Flohkiste nannten – und wo man während des Films, meistens Western, laut „Wischen!" rufen musste, wenn Alan Ladd wieder einmal hinter einer Nebelschicht verschwand.

Die Schulstraße führte weiter rechts zum Gesundbrunnen, „zur Plumpe", wo Hertha spielte, und links zur Müllerstraße, die Reinickendorf und Tegel mit der Chausseestraße und dem Ostsektor verband. Dort, wo sich Schul- und Müllerstraße kreuzten, dem Leopoldplatz, hielt die U-Bahn auf dem Weg von Tegel nach Tempelhof, also vom französischen zum amerikanischen Sektor Berlins, mitten durch den dunklen russischen Sektor. Die Linien 28 und 29 der Straßenbahn fuhren, mit der Haltestelle direkt vor unserer Kneipe, nach Tegelort und Heiligensee, den Sommerzielen zum Baden. Mein Lieblingsplatz auf der langen Fahrt durch den Wedding, Reinickendorf und Tegel war vorne neben dem Fahrer, wenn ich ihn mit dem Instrumentarium beobachten konnte, mit dem er seine Bahn in Bewegung setzte und an den zahllosen Haltestellen zum Stehen brachte. Was für ein Sommergefühl, wenn wir an der Endhaltestelle in Tegelort ankamen, durch den Wald eilten, am Strand angekommen die Klamotten auf den Sand schmissen und zur Liebesinsel rüberschwammen.

Mit der Straßenbahn nach Tegelort, mit dem Rad vom Wedding über Moabit, Teile Charlottenburgs in den Grunewald und an die Havel, ins Wasser gesprungen und rüber nach Kladow geschwommen, dort auf einem Bootssteg ausgeruht und zurück – ich war ein guter Schwimmer. Es war ja nicht so, dass die Westberliner Natur entbehrten. An den Rändern der geschlossenen Stadt warteten Wälder und Seen. Und die Spree kümmerte es nicht, dass sie aus dem Osten kommend auf der Westseite in die Havel floss.

Schön, an der Glienicker Brücke war Schluss mit lustig. Dort begann die SBZ, und die Fahrgastschiffe auf dem Wannsee mussten umdrehen. Aber da gab es die Pfaueninsel, den Schlachtensee mitten im Grunewald und den Grunewald-Turm an der Havelchaussee, von dem man einen prächtigen Ausblick hatte, wenn man mit dem Rad erst einmal den Aufstieg geschafft hatte.

Es war eine Freude, mit dem Rad auf den breiten Berliner Straßen unterwegs zu sein, von der Heerstraße kommend und am Olympiastadion vorbei zum Kaiserdamm zu gelangen und den mit Karacho herunterzufahren. Bis zum großen Stern, rund um die Siegessäule, wo ich Richtung Wedding abbog – und wo mich einmal ein Lkw mit zwei Anhängern erwischte. Der zweite Anhänger rutschte auf den Fußgängerweg und ich zwischen die Räder, fiel aber glücklicherweise auf das allerletzte Rad mit seinem Gummireifen. Der Fahrer fuhr weiter, er hatte nichts gesehen. Ich war unversehrt, aber mein Fahrrad nicht mehr zu gebrauchen.

Der Funkturm, als ein Symbol Westberlins, war im Krieg unversehrt geblieben, nicht so die Kaiser-Wilhelm-Gedächtniskirche am oberen Ende des Kurfürstendamms, deren Turm zerstört war und die, als verletzter Koloss, wie ein düsteres Mahnmal wirkte.

Auf mich jedenfalls, der so oft mit dem Rad zwischen Häuserruinen unterwegs war.

Zurück in der „Weißen Taube" stieß ich oft auf Kurt Walla, von dem keiner wusste, woher er eigentlich das Geld hatte, um sein Bier zu bezahlen. Aber er brauchte nur zwei, dann war auch er betrunken, und wenn ich ihn bediente, musste ich mir hin und wieder anhören: „Ihr Jungs könnt vielleicht dreimal nacheinander und wir Alten nur noch einmal, aber dafür umso länger."

Frauen kamen allerdings selten in die Kneipe. Und wenn, dann meistens um ihre Männer abzuholen, von denen viele kein Hehl daraus machten, dass sie meine Mutter mochten.

Walter Bohrz zum Beispiel, in dessen Gesicht die Sonne aufging, sobald er meine Mutter sah. Er hatte so etwas sympathisch Schüchternes an sich und kam immer am späten Nachmittag, wenn er wusste, dass dann auch meine Mutter hinter der Theke stand. Sie passte mit ihrer ein wenig südländischen Schönheit überhaupt nicht in unsere Weddinger Gegend.

Und da war Werner Hildebrandt, der jeden Donnerstag mit einer kleinen Band im Vereinszimmer Musik machte. Da die Musiker immer erst nach 20 Uhr kamen, waren die meisten Leute im anliegenden Gastzimmer schon so benebelt, dass sie das, was die Amateure nebenan für Musik hielten, aushalten konnten. Gegen Mitternacht pflegte Werner Hildebrandt an der Trompete, wenn sein Alkoholpegel den richtigen Stand erreicht hatte, seine schrillen Soli anzustimmen, die mich auf dem Billardtisch in die Höhe schnellen ließen.

Und da war Peter, ein gutaussehender, charmanter Fußballer, von dem ich lernte, dass Betrunkene offenbar auf einen guten Geist hoffen konnten, denn er übernachtete ab und zu in einem Rinnstein und wachte morgens unversehrt auf.

Und da war natürlich, direkt vor unserer Kneipe, der Schwarze Markt. Er zog sich von der Ecke Schul-/Prinz-Eugen-Straße bis zur Antonstraße und darüber hinaus. Dort bewegten sich in den Jahren nach Kriegsende bis zur Währungsreform auf dem breiten Bürgersteig Menschenschlangen auf und ab, die alles gegen alles tauschten. Es ist erstaunlich, mit wie viel Energie, aber auch Gleichmut sich die Menschen damals über Wasser hielten. Häuserruinen in der Schulstraße erinnerten immer noch an den Krieg, als der saukalte Winter 1947 überwunden werden musste. 1948 folgte die sowjetische Blockade Westberlins – beantwortet mit der alliierten Luftbrücke –, die allerdings in der „Weißen Taube" nicht so sehr nervte, weil zur Beruhigung genug Alkohol vorhanden war. Damals gab es in der Kneipe vorzugsweise Kartoffelflocken und POM zu essen, das sich in den alliierten Flugzeugen leichter transportieren ließ. POM war so eine Art Kartoffelpuder, fürchterliches Zeug.

Aber die Emsigkeit und Intensität, mit der sich damals die Alliierten, insbesondere die Amerikaner, bemühten, die West-Berliner Bevölkerung mit Nahrungsmitteln und anderen Gütern zu versorgen, machte auf mich einen ungeheuren Eindruck. Westberlin war zu Lande von den Sowjets abgeschnitten, Bahn- und Güterzügen war die Fahrt nach Westberlin verwehrt. Wie an der Schnur gezogen landeten die „Rosinenbomber" als Antwort auf den Berliner Flugplätzen, die Engländer in Gatow, die Franzosen in

Tegel – was immer vergessen wird – und die Amerikaner in Tempelhof.

Vor allem US-General Lucius Clay, der dem amerikanischen Sektor Westberlins vorstand, wurde ein Vorbild für alle, die dem russischen Ziel widerstanden, Westberlin in die SBZ einzugliedern. Die Clay-Allee in Zehlendorf erinnert heute noch an ihn. Ich erwähne ihn deshalb, weil Clay, mit seinen tiefen Furchen im Gesicht, für mich damals das Bild Amerikas prägte: hilfsbereit, den Menschen zugewandt. (Wie konnte es zu Trump kommen?)

Und dann waren da diese ganz besonderen Berliner Bürgermeister wie Ernst Reuter und später Willy Brandt. Wie sie sich schon im Aussehen und Auftreten mit ihrer noblen Entschlossenheit von dem kleinbürgerlichen, fistelnden Spitzbart im Osten Berlins unterschieden!

Berlin war eingeschlossen, aber da war das Gefühl, sich in Westberlin, von Tegel im Norden bis zum Grunewald im Süden, frei bewegen zu können. Es war die bessere, die hellere Hälfte Berlins.

Jahre später, per Auto auf dem Weg von Hamburg nach Berlin, durchfuhr man nachts die dunkle Zone bis plötzlich – nach Nauen – die Lichter Westberlins auftauchten. Welch ein Gegensatz, fast so etwas wie zwischen tot und lebendig.

„Hier endet der französische Sektor", war zu lesen, wenn ich mit dem Rad die Chausseestraße herunterfuhr und an der Friedrichstraße an die Grenze zum sowjetischen Sektor stieß. Damals war zeitweise von einer Evakuierung Westberlins die Rede. Man wolle, so hieß es, in der Lüneburger Heide eine neue Stadt aufbauen. Was wäre wohl aus der „Weißen Taube" in einem sowjetisch besetzten Westberlin geworden?

Bis zum Mauerbau im August 1961 konnte man von Westberlin durchaus nach Ostberlin gelangen, Ende der vierziger und Anfang der fünfziger Jahre wurde noch weniger an der Grenze kontrolliert als später. Ich bekam mit, dass viele Leute aus dem Wedding in Ostberlin zum Friseur gingen, wo man sich auch auf einen „Westschnitt" verstand. Den Grund dafür konnte ich jeden Tag gegenüber der „Weißen Taube" ablesen. Da gab es eine Wechselstube, in der „West gegen Ost" getauscht werden konnte, man bekam für eine Westmark jeweils ein Mehrfaches an Ostmark.

Viele Jahre später, nach der Wiedervereinigung, erinnerte ich mich an diese Zeit, als ich geschäftlich in der Tschechoslowakei zu tun hatte und die tschechische Krone auf dem Schwarzen Markt zeitweise bei 1:20 zur D-Mark stand. Es war die Phase des Goldrauschs nach der Wende, und die Energiegesellschaft, für die ich arbeitete, suchte nach Möglichkeiten, im europäischen Osten Fuß zu fassen. Dazu brauchte sie zunächst Leute wie mich, die in der Lage waren, das Energiemarktpotential der ehemaligen Ostblockstaaten zu erkunden, von dem man sich erhoffte, Marktanteile für sich zu sichern.

Eines Tages rief mich R. an, seines Zeichens Chef-Volkswirt unserer Muttergesellschaft, und bat mich, für ihn und für mich eine Reise durch einige mittel- und osteuropäische Staaten zu organisieren. R. war im Umgang ein fast schüchterner Analytiker mit schnellem Verstand, etwa 40 Jahre alt und mit einem freundlichen Wesen – einer, mit dem ich gern zusammenarbeitete. Er wollte sich selbst ein Bild von

Menschen, Wandel und Möglichkeiten im neuen Osten machen.

Ich schlug ihm eine knapp zweiwöchige Reise von Berlin nach Budapest und zurück über Wien, Prag, Usti nad Labem und Dresden vor. Auch noch nach Polen zu fahren, hätte zu viel Zeit gekostet, außerdem war ich schon in Warschau gewesen und konnte ihm berichten. Ich hatte vorher auch schon Kontakte in Ungarn, der Tschechoslowakei und Ost-Berlin geknüpft und hatte die jeweiligen Akademien der Wissenschaften, die sich am besten in Wirtschaft und Energie auskannten, besucht. Sowohl in Ost-Berlin als auch in Usti nad Labem, im ehemaligen Aussig, hatte ich einen Auftrag über eine Energiemarktstudie vergeben.

Unsere Reise begann in Ost-Berlin, wo wir in Weißensee auf die Volkswirte der Akademie der Wissenschaften trafen. Als ich meinen Kontaktmann einmal in Hamburg zu einem Essen bei einem Italiener einlud, war er überwältigt von dem dreistelligen Betrag, den ich für das Essen ausgab. Bei einem Umtauschkurs von damals 1:10 entsprach das mehr als 1000

Ostmark, viel mehr dürfte er monatlich nicht verdient haben. Ich habe mich hinterher geschämt, dass ich mich nicht sensibler verhalten hatte.

R. hatte eine Präsentation mitgebracht, die sich mit seiner Einschätzung der wirtschaftlichen Annäherung der Oststaaten an das westliche Niveau befasste und viel zu optimistisch war. Ich konnte ihm seine Meinung nicht ausreden, dass es nur wenige Jahre dauern würde, bis Ostdeutschland den Lebensstandard des Westens erreichen würde. Ich dachte, wie andere auch, eher an einen deutschen Mezzogiorno. Ein Ost-Berliner Professor meldete sich in der Diskussion mit viel Sarkasmus: R. habe wohl an die Zahlen des DDR-Jahrbuchs geglaubt, wo Erich Honecker eigenhändig die Sozialprodukt-Zahlen gefälscht hätte, wodurch die DDR Jahr für Jahr im internationalen Vergleich zu einem der wirtschaftlich erfolgreichsten Staaten der Welt wurde. Ein schnelles Erreichen westlichen Standards? Keine Chance. Zuerst würde die DDR entindustrialisiert, um die Konkurrenz für den Westen auszurotten. R. wollte das nicht glauben, aber ich ahnte, dass der Professor recht haben würde und schlich wie ein geprügelter Hund davon.

In Usti nad Labem war die Akademie der Wissenschaften in einer idyllischen Villa am Elbhang untergebracht, mit einem großen Garten und gemütlichen Räumen. Wir fuhren mit dem neuesten BMW vor, den wir am Budapester Flugplatz geliehen hatten und mit dem wir die ganze Reise ab Budapest unterwegs waren. Wir Kapitalisten stießen auf ein vierköpfiges Team mit einem bärtigen Anführer, der sich als cleverer Erzkommunist herausstellte. Das Besondere bei diesem Besuch war, dass ich die in Auftrag gegebene Studie abholen wollte, über die noch kein Preis vereinbart war. Den Bärtigen interessierte R.s Vortrag überhaupt nicht, er wartete nur auf den Moment, in dem es um das Geld gehen würde.

Ich eröffnete die Diskussion mit der Frage, wieviel D-Mark sie für die Studie haben wollten, wohl wissend, wie die D-Mark auf dem Schwarzen Markt gehandelt wurde. Keine Antwort. R. war bei diesem Handel außen vor, da er kein Deutsch verstand, die Tschechen sprachen kein Englisch, ich hatte die ganze Zeit R.s Vortrag übersetzen müssen. Absolute Stille, der Bärtige wollte nicht mit der Sprache heraus. Die Stille wurde so mächtig, dass ich es nicht mehr aushielt:

„Was halten Sie von 2000 Mark?" Daraufhin konnte der Jüngste am Tisch ein jubelndes „Ja!" nicht unterdrücken, wurde aber sofort von dem Bärtigen barsch zurechtgewiesen: „Kommt gar nicht in Frage." Wir einigten uns schließlich bei 5000 DM. Für uns Peanuts, für die Tschechen wie ein Goldfund. Später, bei einem Spaziergang im Garten, sagte mir der Bärtige, er hätte es nicht für möglich gehalten, jemals mit einer erzkapitalistischen Gesellschaft ein Geschäft zu machen.

Zurück zur „Weißen Taube". Berlin ist nach dem 2. Weltkrieg Frontstadt geworden, und wie die Berliner angesichts von Verwüstung, Mangel und Bedrohung nie ihren Witz verloren, das war in der „Weißen Taube" zu besichtigen. Ich hörte jeden Sonntag die „Stimme der Kritik", mit der Friedrich Luft im RIAS nicht nur das Berliner Theaterleben rezensierte, sondern auch auf seine ironische Art die Hoffnung auf das Gute aufrechterhielt.

Burghart Klaußner schildert in seinem Roman „Vor dem Anfang" die Jahre nach dem Krieg in Berlin. Sein Vater betrieb ein Restaurant, einen Promi-Treff, wie er schreibt. Aber Klaußner durfte höchstens einmal auf ein Eis vorbeikommen. Von dem, was im Restaurant vorging, den Geschäften, den Besäufnissen und Intrigen, davon hielt ihn sein Vater fern – er sollte als Kind davon nichts erfahren.

Ich bin froh, dass ich in der „Weißen Taube" alles mitkriegte, denn mehr Menschenkenntnis konnte man sich als Jugendlicher kaum erwerben. Friedrich Luft half, in dem er einmal eine Hymne auf die Berliner Eckkneipe sang: „Hier kann er seinen Forschungen am Menschen geruhsam nachgehen. Die Kneipe ist kein schlechter philosophischer Ort … Manch verstohlener Seufzer wird hörbar. Die Sorgen, eben noch unübersehbar, werden jetzt von leichtem Bier verdünnt …"[*]

Ja, Molle und Korn haben in den zahllosen Berliner Kneipen angesichts vieler Bedrohungen einen schützenden Nebel über die Urqualitäten der Berliner

[*] Friedrich Luft: „Über die Berliner Luft". Feuilletons. Versammelt von Wilfried F. Schoeller. Die Andere Bibliothek, Berlin 2018.

gelegt, ihren Humor und ihre Ironie. Sie halfen, die Frontstadt-Atmosphäre zu ertragen: „Uns kann keener."

Im April 1945 fielen die letzten Bomben der Alliierten auf Berlin, den Rest besorgte später der Häuserkampf mit den sowjetischen Truppen, eine Zeit, in der immer noch Führer-Anhänger Menschen erschossen, wenn sie weiteren Widerstand für sinnlos hielten. Berlin war eine Trümmerwüste.

Noch einige Zeit nach dem Sieg der Alliierten gab es den Anschein einer gemeinsamen Deutschlandpolitik – aber im Frühjahr 1946 begann sich im Westen der praktische Antikommunismus durchzusetzen.

Am 24. Juni 1948 begann die sowjetische Blockade West-Berlins, die bis zum 12. Mai 1949 anhielt. Seit der Währungsreform war der Bruch mit dem Osten endgültig vollzogen.

Am 17. Juni 1953 sah ich die Stahlarbeiter aus Hennigsdorf in einem langen Zug die nahe Müllerstraße entlangziehen, auf dem Weg über die Chausseestraße in den Ostsektor zu den russischen Panzern, die den Aufstand von Arbeitern und Mittelstand niederschlugen.

Der Mauerbau, der am 13. August 1961 begann, zerstörte den letzten Rest Gemeinsamkeit, der mit den Menschen im Ostsektor bis dahin noch möglich war. Und es war wieder Friedrich Luft, der in der Zeit, als man nur noch auf umständlichste Weise in den Ostsektor gelangen konnte, die Gefühlslage der Stadtbewohner genauestens erspürte und ihr seine Stimme lieh: „Wir Berliner würden sicher viel reger ‚rübergehen', würden viel öfter und lieber zu unseren Freunden in Ostberlin fahren, wenn dieser Albdruck nicht wäre: ‚Grenzübergang Friedrichstraße'", den er als einen kafkaesken Ort beschrieb.

Wenn man von einem Ausflug nach Tempelhof wieder zum Leopoldplatz zurückkehren wollte, war der U-Bahnhof Kochstraße die letzte westliche Station und man tauchte als Westberliner Transitreisender erst wieder im westlichen Wedding auf. Der Zug fuhr nach der Kochstraße durch totenstille U-Bahnhöfe, auf denen manchmal schemenhaft ein mausgrauer

Volkspolizist zu sehen war. Der Zug hielt im Osten nur am Bahnhof Friedrichstraße. Dort stiegen unterschiedliche Menschengruppen aus. Die eine Gruppe, die aus dem Osten westwärts fahren durfte, bestand aus älteren bevorzugten Personen, die nun wieder heimkehrten, reichlich bepackt mit Westberliner Tragetaschen, in denen sie Artikel mitschleppten, die in Ostberlin rar waren oder die es dort überhaupt nicht zu kaufen gab.

Die anderen waren die Grenzgänger aus Westberlin, die sich in den Intershop-Läden auf exterritorialem Gebiet – obwohl im Ostsektor – mit östlichen Waren wie Zigaretten, West-Schnaps, Parfümerie-Artikeln etc. zu DM-West-Preisen, aber preisvergünstigt eindecken wollten und dafür in Schlangen anstanden.

Um Einfahrt in die Hauptstadt der DDR zu erhalten, musste ein strenges Reglement durchlaufen werden, z.B. fragte der Zoll nach westlichem Druckwerk. Auch das Eintrittsgeld in Form eines Zwangsumtausches von DM West in DM Ost musste gezahlt werden. Erst dann begann eine Zeit vergleichsweiser Belästigungslosigkeit mit Freunden oder neugierigem

Umherschauen, bei dem man sich gelegentlich ein günstiges Essen „mit Sättigungsbeilage" in den HO-Läden gönnte.

Die „Weiße Taube" war für mich wie eine Enklave auf einer Insel, in der das Bier im Keller, Korn und auch Scharlachberg und Asbach hinter dem Tresen mithalfen, jede Untergangsstimmung fernzuhalten. Ein Faden zum Sozialismus war meine Erinnerung an den sympathischen kleinen Seppl, der beim Schachspiel nie aufdringlich wurde. Auch der Sport verband: Anfang der fünfziger Jahre war es noch leicht möglich gewesen, mit den Ostberliner Tischtennisspielern von Post Berlin gemeinsam zu trainieren. Ich hatte sie bei den Berliner Stadtmeisterschaften kennengelernt – als sie das letzte Mal noch eine Gesamtberliner Veranstaltung waren, wo ich in der dritten Runde gegen den DDR-Nationalspieler Pleuse mit 1:3 verlor.

Und da waren auch „Ausbruchsmöglichkeiten", im Sommer während der Schulferien. Zwei Wochen auf dem Bau ergaben 60 DM – und damit per Anhalter nach Westdeutschland, nach Frankreich und England. Am Zonengrenzübergang Drei Linden freundlich nach einer Mitfahrgelegenheit auf einem Lkw gefragt. In Dortmund auf einem Parkplatz angekommen, wo ein Mädchen zustieg und wir, mein Freund und ich, durch die Scheibe, die die Führerkabine von dem Laderaum trennt, auf dem wir beide untergebracht waren, zusehen konnten, wie es im Kabinenbett zur Sache ging und danach von dem freundlichen Fahrer gefragt wurden, ob wir auch mal wollten.

Wir wollten nicht. Die Gäste in der „Weißen Taube" hatten uns vor der Abreise gewarnt: „Was, ihr wollt nach Frankreich trampen? Das ist doch ziemlich gefährlich, so kurz nach dem Krieg." Es war das Jahr 1954, als Deutschland Fußballweltmeister wurde und wir in Frankreich und den Beneluxländern eine Freundlichkeit der Menschen erlebten, die alle Warnungen aus dem Wedding Lügen straften. Und was hatten wir für interessante und amüsante Erlebnisse und Gespräche auf dieser Reise.

Einmal landeten wir im holländischen Breda, wo uns der freundliche Autofahrer in eine Gaststätte mitnahm und ein reichliches Essen spendierte – mit noch reichlicherem Genever – und wir anschließend völlig betrunken auf dem Marktplatz mit dem Daumen winkten – es war egal, in welche Richtung uns jemand mitnahm. Und als wir in Luxemburg auf zwei rheinische Frohnaturen trafen, die per Fahrrad nach Paris unterwegs waren, und die wir auf einem Zeltplatz an der Porte d'Orleans an einem frühen Morgen wieder trafen. Nachdem sie auf dem Jardin du Luxembourg von der Polizei verjagt worden waren, weil sie tatsächlich auf dem wunderschönen Grün des Parks ihr Zelt aufgestellt hatten.

In Chalons-sur-Marne erwischten wir einen Panhard, dessen Fahrer wollte damit zu einem Rennen, er fuhr sich mit uns schon mal ein. 100 km vor Paris hielt mein benebelter Freund einmal einen Trecker an: „À Paris?" Der Trecker-Fahrer winkte verstört ab. Auf der Rückreise nach Deutschland hielt bei Reims eine schwere Limousine, der Fahrer wollte nach Essen und gefälligst unterhalten werden, er kam direkt aus Gibraltar und war müde.

In London besuchte ich auf einer meiner Per-Anhalter-Reisen meine Schwester Anke, die im vornehmen Swiss College als Au-pair-Mädchen tätig war und wo ich nach einer Einladung ihrer Herrschaften nicht wusste, welches von meinen dreckigen Hemden ich anziehen sollte.

Die Erfahrungen in der „Weißen" Taube und was ich dort gelernt habe, haben mir mein ganzes Leben geholfen. Als wir, d. h. meine Freunde und ich, im Vereinszimmer zwei lange Tische zusammenstellten, in der Mitte ein Netz anbauten und begannen, Ping Pong zu spielen, war das der Anfang von vielen Jahrzehnten Tischtennis – in Berlin, Hamburg und zweitweise sogar in London.

Als wir einmal in einer Runde beim Vorstandsvorsitzenden meiner Energiegesellschaft zusammensaßen und der Chef die Fortsetzung der Gespräche für den nächsten Tag 17 Uhr ankündigte, vorher aber fragte, wer nicht dabei sein könne, war ich der einzige, der sich meldete. Ich hatte ein wichtiges Punktspiel. Mein Glück war, dass er nicht nach dem Grund fragte. Das Gespräch wurde verlegt. Wenn im Kreis meiner Kollegen über ihre sportlichen Aktivitäten gesprochen wurde, handelte es sich meistens um Golf oder Tennis, ich wurde zum Schluss immer etwas spöttisch gefragt, was denn mein Ping Pong mache.

Als der Billard-Tisch noch im Vereinszimmer stand und ich noch nicht in der Küche mein Nachtlager auf ihm aufschlug, brachten mir mein Vater und Onkel Hans Karambolage bei, ein Spiel mit drei Kugeln, bei dem ich bald mit den Gästen in der „Weißen Taube" mithalten konnte.

Viele Jahre später, als ich mit meiner Familie im englischen Torquay Osterurlaub machte, sprach mich ein Professor aus Cambridge an, ob ich zufällig Billard spielte, er wollte für das Hotelturnier, das er zu gewinnen hoffte, trainieren. Pool Billard. Ich ließ mich gern überreden, entdeckte beim Training mein altes Können wieder, meldete mich auch für das Turnier an und gewann im Endspiel gegen meinen neuen, nun aber völlig verärgerten Freund. Der lud mich und meine Frau anschließend nach Cambridge ein, wo er mich bei einem Abendessen mit Volkswirtschaftsexperten zusammenbrachte, die mich mit den neuesten Theorien konfrontierten, von denen ich nicht die geringste Ahnung hatte. Rache? Ich war ja nur ein armer Unternehmensvolkswirt aus der „Weißen Taube".

Beim Schach hat mich der kleine SED-Mann Seppl weitergebracht. Ich erlangte bald einen gewissen Ruf, so dass sich eines Tages ein „Profi" aus einem Berliner Schachclub zu uns in die Kneipe verirrte, ein dünner, blasser Typ mit hoher Stirn, der mir innerhalb von zwei Stunden vier Niederlagen beibrachte. Aber ohne die Übung in der „Weißen Taube" hätte ich viele Jahre später nie meinen größten Coup gelandet. Ich traf am Spitzenbrett meines Clubs in der Londoner Commercial League auf einen Londoner Auswahlspieler – glücklicherweise mit den weißen Steinen. Am Ende übersah mein Gegner einen leichten Gegenzug gegen eine äußerst bedrohliche Attacke und gab auf. Seine Mannschaftskameraden, die ihre Spiele schon beendet hatten und hinter ihm standen, seufzten, ächzten und stöhnten. Mein Gegner sprach von *Intimidation*, aber das änderte nichts mehr, ich hatte meinen größten Schacherfolg gelandet.

Von Jugend an war da ein Sinn für Musik, der dadurch entstand, dass ich neben meinem Billard-

Bett immer ein Radio stehen hatte, das den Lärm vom Gastzimmer übertönte. Nachdem ich die Capri-Fischer gehört hatte, erzählte ich dem Vater meines besten Freundes – das ist der, der meine Jugendliebe geheiratet hat –, dass Rudi Schuricke der größte Sänger auf Erden sei. Der Vater, der Schlagertexte schrieb wie „Eine Nacht kann ja so herrlich sein", lächelte mich nachsichtig an. Ich arbeitete mich über Schlager, Operette und Oper durch zu Sinfonien. Das Es-Dur-Klavierkonzert von Beethoven war mein erstes klassisches Stück, das mich mein ganzes Leben begleitet hat. Ich stieß sogar zu „Hans Heiling", einer Oper von Heinrich Marschner vor, mit deren Kenntnis ich später vor Opern-Fans brillieren konnte: Die kannte nur ich.

Vor dem Abitur wurde ich zum ersten Mal in die Berliner Staatsoper Unter den Linden im Ostsektor mitgenommen, es gab „Tristan und Isolde" von Richard Wagner. So sehr ich später die Musik von Wagner schätzen lernte, der „Tristan" war damals zu schwer für mich. Nicht einmal Isoldes Liebestod, einer der schönsten Operngesänge, konnte mir gefallen, weil Tristan, der von dem sehr hageren Gunter

Herold gesungen wurde, nur zur Hälfte um den Leib der äußerst fülligen Isolde (Elsa Larcén) herumkam. (Schade, dass Anna Netrebko immer mehr zugenommen hat.)

Noch einmal: Ich fand mich für mein späteres Leben von der „Weißen Taube" bestens vorbereitet. Als der Ostblock Ende der achtziger Jahre zusammenzubrechen begann, wurde ich oft an die Nachkriegszeit im Berliner Wedding erinnert. Das Währungsgefälle West zu Ost und seine Folgen, der Schwarze Markt in den Ostblockländern – alles schon erlebt: Gegenüber unserer Eckkneipe gab es eine Wechselstube und davor den Schwarzen Markt. DM West zu Ost bis 1:10? Nichts Neues. DM zur tschechischen Krone bis 1:20? Keine Überraschung.

Im Rubel-Hotel Olympia in Tallinn speiste ich anlässlich einer Energiekonferenz zwar nicht gerade fürstlich, aber reichlich – für umgerechnet 1,50 DM. Und im wunderschönen alten Opernhaus in Odessa, das viele hundert Zuschauer fasst, saßen wir mit rund 30 Leuten aus Deutschland im sonst leeren Zuschauerraum und hatten dafür 25 $ bezahlt – für ein Ballett, für das der sonst spielfreie Montag gestrichen wurde. Für uns wenige Westler war die gesamte Organisation der Oper angeworfen worden, selbst die Garderobenfrauen waren vollzählig vertreten. Einige von unserer Reisegruppe, die ein Mineralölverband organisiert hatte, saßen in der Zarenloge. Für unsere Schiffsreise von Odessa ins Schwarze Meer und dann den Dnjepr hinauf nach Kiew hatte jeder von uns ein Päckchen Ein-Dollar-Noten dabei. Denn die Menschen, die sich an den Haltestellen des Schweizer Fahrgastschiffs einfanden, wie zum Beispiel in Dnjepropetrowsk, boten wahre Schätze gegen Dollar an. In der „Weißen Taube" kostete nach dem Krieg eine Ami-Zigarette 8 Mark.

Ich war wahrscheinlich der richtige Mann, den meine Energiegesellschaft nach der Wende gewissermaßen als Pionier in die ehemaligen Ostblockstaaten schickte, um das Potential für zukünftige Markteintritte zu erkunden.

In Warschau vergaß ich, einen Mittelsmann zu entlohnen, was mir heute noch peinlich ist. In Budapest lernte ich den ungarischen Gulaschkommunismus kennen – und wunderte mich deshalb später auch nicht, dass die Ungarn als erstes Ostblockland ihre Grenze für DDR-Flüchtlinge öffneten. Die freiheitsliebenden Ungarn hatten für die aus ihrer Sicht hundertprozentige Gefolgschaft der DDR gegenüber Moskau nichts übrig. (Wie konnte es zu Orbán kommen?) Über Ostberlin und Usti nad Labem habe ich schon geschrieben.

Als mein Vater achtzig wurde – meine Eltern hatten schon lange die „Weiße Taube" aufgegeben und waren nach Hamburg zurückgekehrt, wo inzwischen auch alle ihre Kinder lebten – und die Familie an einem warmen Augustnachmittag im Garten am Osdorfer Weg um ihn herumsaß, zog ich ein Papier aus der Tasche und begann, eine Geschichte vorzulesen, die als Hommage an die „Weiße Taube" gedacht war, die aber deshalb danebenging, weil alle ihre eigenen speziellen Erinnerungen hatten.

In der Bernauer Straße, hob ich an, zunächst einen Berlin-Besuch kurz nach dem Mauerfall 1989 schildernd, *dort, wo die Mauer für Fußgänger aufgebrochen war, stand ein Lkw, beladen mit Schokoladenkartons.*

Zwei Männer reichten die Süßigkeiten an hochgestreckte Arme weiter. Die Menschen strömten aus der Eberswalder Straße mit ihren Einkaufstaschen in den Westen, sie mussten alle an dem Schokoladenauto vorbei. Ich stand auf einem Beobachtungsturm, von dem man weit in den Prenzlauer Berg hineinblicken konnte.

Ein Abschleppwagen auf dem Arkonaplatz erinnerte mich an die Fernsehbilder von der Nacht des 9. November, als ein Ostberliner Fahrzeugführer mit einem havarierten Skoda auf seinem Laster auf dem Kurfürstendamm von einem TV-Team gestoppt wurde und auf die Frage, was er denn hier mache, zur Antwort gab: „Hab' vorhin im Radio jehört, det die Mauer uff is. Muß det Ding hier nach Halle bringen. Hab' mir jedacht, ick drehe vorher noch 'ne Runde übern Kudamm!"

Ich hatte damals vor, zum ersten Mal seit 30 Jahren die „Weiße Taube" aufzusuchen. Die Kneipe an der Ecke Schul- und Prinz-Eugen-Straße sah genauso unscheinbar aus wie damals, aber viele kleine Läden hatten türkische Aufschriften. In der Kneipe war alles noch so wie früher. Der wortkarge Wirt erlaubte mir einen Blick in die Küche. Der Billardtisch, auf dem ich so viele Jahre geschlafen hatte, stand nicht mehr in der Ecke. Es kam zwangsläufig eine Erinnerung hoch.

Eines Abends nämlich, als ich 18 war, lag Unheil in der Luft. Ich war mit einem Trainingsanzug bekleidet auf dem Sprung. Hacker hatte sein Erscheinen angekündigt, trotz Lokalverbots. Meine Eltern waren schon den ganzen Tag nervös gewesen. Jetzt stand der Vater hinter der Theke und stellte eine Runde Molle und Korn zusammen für den Tisch in der Mitte, wo Skat gespielt wurde. Heinz Becker, der Vertreter einer Essigfirma, der vierte Mann in der Runde, hatte seine Nachmittagstour ausfallen lassen und saß da, wo er immer saß, mit dem Rücken zur Eingangstür und dem Blick auf die Theke, so dass ihm nichts entgehen konnte, was sich davor und dahinter abspielte. Jahre später, nachdem er von der Essig- zu einer Biervertretung – Groterjahn hieß sie – gewechselt hatte, sollte er sich zu Tode trinken.

Ich machte eine Pause. Meine Eltern schienen von meiner „Vorlesung" nicht begeistert zu sein, meine Mutter hatte die Augen zu schmalen Schlitzen zusammengezogen, wie immer, wenn sie böse wurde. Mein Vater blickte ernst und gefasst, aber sein Gesicht wirkte wie eingefroren, als fürchtete er das, was noch kommen würde. Aber ich ließ mich nicht beirren und fuhr fort: *Hacker war an diesem Abend nicht gekommen, und die wöchentliche Versammlung des Fußballvereins hatte glücklicherweise ohne ihn stattfinden können. Hacker war zeitweise Vereinsvorsitzender, bis maßloser Suff und Gewalttätigkeit seinen Rauswurf bewirkten. Aber er war immer wieder in der „Weißen Taube" aufgekreuzt. Wenn er nicht getrunken hatte, verhielt er sich ruhig, und das Wenige, was er sagte, hatte Hand und Fuß. Alkohol machte aus einem intelligenten Mann im Nu einen Wüstling. Schon nach wenigen Gläsern Bier fing er an, Streit zu suchen – vorzugsweise mit dem Gastwirt. Vielleicht deshalb, weil der ihm an Statur und Persönlichkeit am ehesten ebenbürtig erschien. Hacker aus dem Lokal hinauszuprügeln, war nicht einfach. Er war so kräftig, dass er es mit mehreren Männern gleichzeitig aufnehmen konnte.*

Das letzte Mal, als Hacker in der „Weißen Taube" erschien, wurde ich von lautem Schimpfen geweckt, sprang – schon wieder im Trainingsanzug steckend – von meinem „Billard"-Bett herunter, öffnete die Küchentür, eilte durch den schmalen Flur nach vorn in den

Laden und schwang mich auf die Menschentraube, die sich vor der Kneipentür gebildet hatte. Als wir ihn endlich rausgedrängt hatten, warteten draußen drei Polizisten auf ihn, die ihn kaum bändigen konnten.

Hackers Erscheinen bedeutete Angst und Schrecken für die Eltern, am meisten wohl für die Mutter, die an Rohheit und Gewalt am meisten litt, wohl auch deshalb, weil sie uns drei Kinder davon nicht fernhalten konnte.

Meine Geschichte war viel zu ernst geworden, aber anstatt mit ein paar lustigen Geschichten fortzufahren, mit Stanko dem Klempner oder dem Orchester mit Werner Hildebrand an der Trompete, das einmal im Monat abends im Vereinszimmer übte und dessen Misstöne das Bier sauer werden ließen, ritt mich der Teufel und ich fing an, im Detail zu schildern, wie sich mein Vater nachts aus dem Fenster schwang – und was das für den Rest der Familie bedeutete. Meine Mutter war totenblass geworden, und mein Vater sagte kein Wort. Auch der Schluss meiner Vorstellung konnte nichts wiedergutmachen: *Die Eltern hatten 1962 die „Weiße Taube" aufgegeben, ein Jahr nach dem Bau der Mauer, aber nicht deswegen, sondern*

um einem drohenden Leberschaden des Hausherrn vor-
zubeugen.

Nun wird der einstige Weddinger Kneipenwirt 80 Jahre
alt, endete ich, *und wenn sie könnten, würden sie wohl*
alle gratulieren: der Schlachter, der Bäcker, Klempner
und Gemüsehändler aus der Nachbarschaft, die Fußbal-
ler und Radfahrer aus den Vereinen, die Musiker, Spie-
ßer und Säufer – kurzum, der ganze liebenswerte Hau-
fen. Einem weise gewordenen alten Mann, von dem
Georg Christoph Lichtenberg sagen würde: „Es ist für
seine Rechtfertigung hinreichend, wenn er so gelebt hat,
dass er seiner Tugenden wegen Vergebung für seine Feh-
ler verdient." Meine Mutter hatte angefangen zu weinen. Nur meine Schwestern nickten beifällig.

Bibliografische Information der Deutschen Nationalbibliothek:
Die Deutsche Nationalbibliothek verzeichnet diese Publikation in
der Deutschen Nationalbibliografie; detaillierte bibliografische
Daten sind im Internet über dnb.dnb.de abrufbar.

ISBN 9783738654523
Herstellung und Verlag: BoD – Books on Demand, Norderstedt